AF257813

LE SYSTÊME

DE LOUIS XVIII

MIS DANS TOUT SON JOUR.

Nihil opertum est, quod non reveletur,
neque absconditum, quod non sciatur.
Il n'y a rien de caché qui ne vienne à se décou-
vrir, ni de secret qui ne doive être connu.

Pendant le régime révolutionnaire, le peuple français, semblable à un équipage dont
le vaisseau auroit été submergé par la tem-
pête, étoit épars sur une mer orageuse, et
luttoit vainement contre la vague en furie,
toujours prête à l'engloutir. La constitution
de l'an 3 paroît; tous s'élancent, et diri-
gés par cinq hommes expérimentés, chacun
espéroit entrer dans le port, et que désor-
mais il ne resteroit plus que le souvenir des
dangers que l'on auroit courus.

Cependant après deux ans d'attente, que
cette espérance est encore loin de se réali-
ser! des monstres qui ont juré la perte des
hommes sur lesquels le peuple, ami de la
paix et de la liberté, se reposoit, du direc-

toire enfin ; des monstres cruels qui selon les circonstances le caressent ou le menacent, ne cherchent depuis long-temps qu'à l'embarrasser dans sa marche pour l'atteindre, le saisir et l'étouffer dans leurs embrassemens homicides. On les a vus , tantôt le poursuivre avec acharnement, tantôt l'attaquer avec audace ; et aujourd'hui ils le pressent et le serrent tellement que pour se sauver de leur rage meurtrière, bientôt ils le forceront sans doute , s'il ne les atterre promptement , de se jeter, et avec lui tous les français, dans des écueils peut-être plus dangereux encore que ceux dont il venoit de les débarrasser.

Ces monstres, ce sont ces lâches hypocrites , ces êtres faux et orgueilleux qui, sous le masque du patriotisme pur, sous le voile de la décence et de l'honnêteté ou sous le manteau de la probité , de la justice, de la religion , laissent voir à l'œil observateur que toutes leurs démarches n'ont d'autre but, en parvenant à détruire le pouvoir exécutif, que d'anéantir le gouvernement républicain, d'empêcher la liberté des cultes et de relever à jamais le trône du prince héréditaire et l'autel du prêtre dominateur , deux objets inséparables, et qui toujours paroîtront sacrés aux yeux du vulgaire.

Les pages suivantes qui renferment l'exposé du systême du prétendant à la couronne,
vont montrer à nu l'ame de ses agens, faire
connoître les forces dont ils se servent, les
ressources qu'ils en tirent, et généralement
tous les moyens qu'ils emploient dès l'origine de la révolution pour faire revivre le
régime des esclaves, rétablir les priviléges,
et reprendre leurs habitudes anciennes auxquelles peut-être ils tiennent plus qu'à leur
propre existence. Ce systême marqué au coin
de l'immoralité la plus profonde, de la corruption la plus affreuse, de l'hypocrisie la
plus révoltante, de la scélératesse la plus
consommée ; ce systême, résultat du plus
horrible machiavélisme, nous a été communiqué par des citoyens qui, initiés dans les mesures contre-révolutionnaires du prétendant,
ont frémi de voir qu'il suivoit, pour monter
sur le trône d'où Louis XVI son frère a été
précipité, la même marche que l'hypocrite
et cruel Robespierre avoit tenue pour parvenir à ses fins. Ennemis de toute espèce
de faction et de tout esprit de parti, ces
citoyens, craignant que la France ne redevienne la proie de nouveaux tyrans, ou
ne soit livrée à de nouveaux bourreaux,
auroient cru trahir leur pays s'ils avoient

gardé plus long-temps le silence sur les moyens atroces que les conseillers, commissaires ou agens de Louis XVIII, pratiquent pour détruire la constitution nouvelle et entraîner le peuple dans le plus dur esclavage.

Après que ces mêmes citoyens nous eurent communiqué quelques idées bien frappantes, peu connues, et qu'il seroitdangereux peut-être, au moins impolitique dans les circonstances présentes, de remettre sous les yeux ; après qu'ils nous eurent sagement fait observer, par des réflexions justes, combien il étoit facile d'abuser de la crédulité et des passions de l'homme en société; après qu'ils nous eurent rappelé ces paroles de Frédéric III, roi de Prusse, surnommé le Grand ; *que s'il étoit roi de France, il ne voudroit pas qu'il fût tiré un coup de canon dans l'Europe sans son ordre*; après qu'ils nous eurent appris que la Russie, l'Allemagne et autres puissances, frappées de cette expression, avoient depuis long-temps cherché à mettre la division dans l'empire français, qu'un grand politique leur avoit fait paroître si redoutable, et qu'à force d'or et d'intrigues ces mêmes puissances avoient réussi à y souffler, y répandre l'esprit d'insurrection; après qu'ils nous eurent démontré que c'est particulièrement à la funeste intervention des Anglais que l'on doit cet esprit qui règne encore parmi nous, que ce sont eux qui ont été les instigateurs principaux de tous nos mouvemens révolutionnaires, de tous les malheurs qui en ont été les suites, et que leurs politiques ont regardé depuis comme les causes uniques de l'énergie que nous avons montrée, des victoires étonnantes que nous avons par-tout remportées, et même de l'établissement de la nouvelle constitution (a); après qu'ils nous eurent fait apercevoir combien les prêtres et les nobles qui s'étoient réfugiés chez ces insulaires, avoient été inconséquens et aveugles de se jeter dans les bras, et de compter sur la bonne foi de ces nouveaux Carthaginois; après qu'ils nous eurent fait connoître le rapport qui existe entre le caractère, la marche et les mesures du prétendant, et ceux de Robespierre et de ses satellites; après qu'ils nous eurent représenté quelques tableaux déchirans des mouvemens révolutionnaires dont ils avoient été eux-mêmes les tristes témoins, et manqué d'être les malheureuses victimes, mouvemens qu'ils regardoient comme des effets nécessaires de la facilité qu'ont les méchans de tromper, de se jouer des hommes crédules ou intéressés, d'égarer leur esprit, ou de corrompre leur cœur ; après nous avoir recommandé une attention bien particulière, l'un de ces amis de la raison et de l'humanité, qui prenoient plaisir à éclairer nos esprits en éloignant de nous toutes les causes de nos erreurs, et à nous instruire en nous faisant part de ce qu'ils savoient de plus intéressant ; l'un d'eux reprenant la conversation qui avoit été un instant interrompue, s'exprima en ces termes : Le système du prétendant dont je vais vous donner connoissance, je le tiens d'un de ses agens. En vous l'exposant, je ne rapporterai que ce qui m'a été dit il y a quelques jours. Voici comme les choses m'ont été racontées.

Dans l'intérieur de la république, celui à qui l'on donne le nom de Louis XVIII, a trouvé, à force de promesses et d'intrigues, le moyen d'établir un gouvernement constitué en forme révolutionnaire.

La France, selon ce gouvernement, est divisée en grandes portions, et chaque portion en arrondissemens.

Chaque grande portion est gouvernée par un intendant, pour la partie administrative;

par un tribunal, pour la partie criminelle;
par un général en chef, pour la partie militaire.

Des journalistes à gages et les prêtres non
assermentés contre-révolutionnaires, forment
et dirigent, au gré du parti, les uns ouver-
tement, les autres en secret, l'esprit ou l'o-
pinion publique.

Le général en chef a son armée divisée
en chasseurs et en percepteurs.

Les chasseurs, connus sous le nom de
chasseurs du roi, sont chargés de mettre
à exécution les jugemens portés par le tribunal de Louis XVIII contre les commissaires du directoire exécutif et les autres
fonctionnaires convaincus de républicanisme,
contre les prêtres assermentés, contre les patriotes incorruptibles, contre les acquéreurs
de biens nationaux, et généralement tous
les citoyens attachés au gouvernement actuel,
ou qui auroient rempli, au désavantage des
amis du prétendant, quelques fonctions im-
portantes, soit avant, soit depuis l'établissement de la constitution de l'an 3.

Les percepteurs, connus sous le nom de
garotteurs et de *chauffeurs*, sont chargés de
la perception des impositions ; c'est, comme
on leur dit, dans la bourse des acheteurs

de biens appartenant à l'église ou à des fa-
milles qui se sont éloignées pour éviter la
proscription, qu'ils doivent prendre les fonds
qu'ils ont ordre de ramasser. Cependant, par
des motifs qu'il est facile de concevoir, ils
doivent spécialement puiser dans les caisses
du gouvernement, tant chez les receveurs
ou les percepteurs, avec lesquels ils sont
quelquefois d'accord, que sur les grandes
routes. (1)

D'après les instructions de la cour de Blan-
ckenbourg, il est enjoint aux généraux de
ne composer leur armée que de déserteurs
et d'hommes bien déterminés, par caractère,
intérêt ou opinion, à exécuter ponctuelle-
ment les ordres qui leur seroient donnés,

-----

(1) Lors des trois diligences arrêtées entre Lisieux et
Caen, entre cette dernière ville et Bayeux, et tout ré-
cemment entre Coutance et St.-Lo, les voleurs s'em-
parèrent d'abord de tout l'argent qu'ils découvrirent :
mais sur les observations que leurs faisoient en trem-
blant les conducteurs, qu'il y avoit telle et telle somme
pour des particuliers, on les leur remit à l'instant. Ceci
est attesté par les conducteurs eux-mêmes. Remarquez
aussi, règle générale, que les garotteurs - chauffeurs
volent et ne tuent point, et que les chasseurs du roi
tuent et ne volent point. Lecteurs, que pensez-vous
de pareilles anecdotes ?

soit de répandre la terreur, ramasser du nu-
méraire ou de tuer quelque bon ami de la
révolution. (1)

Les chasseurs et percepteurs sont cantonnés
chez les nobles, les fauteurs des prêtres inser-
mentés, les riches propriétaires ou fermiers,
etc. ennemis du nouveau gouvernement. Ils les
reçoivent en qualité d'ouvriers, et réunis à
leurs enfans, à leurs domestiques et autres
jeunes gens enrôlés qui habitent les villes,
ils terrorifient, dévalisent ou exécutent au
nom de Dieu et du roi, ceux qu'on leur
a désignés.

Les chefs des détachemens de cette armée
contre-révolutionnaire sont chargés de porter
eux-mêmes les sommes enlevées et de les
déposer chez le receveur de l'arrondissement
où ils commandent. Le jour d'une expédi-
tion, outre la paye ordinaire, on donne à

____

(1) Sur les reproches violens que le ministre de la
police faisoit aux admininistrations du Calvados, rela-
tivement aux massacres réitérés qui s'y commettoient;
pour prévenir l'établissement du gouvernement militaire
dont il menaçoit ce département, les partisans de Louis
XVIII ont envoyé à leur comité secret, séant à Paris,
des députés. Ces derniers, entr'autres ordres, reçurent
celui de suspendre le cours de leurs exécutions.

chaque soldat 6 ou 12 liv. , et davantage ;
selon l'importance de la capture faite ou de
la difficulté que l'on a eue de mettre a exécution un jugement rendu.

Si quelques-uns d'entr'eux se permettent
de pareils actes sans y être autorisés , ils sont
considérés comme voleurs et assassins, et sont
aussitôt punis comme tels ; et s'ils ont été
pris par les républicains ils sont abandonnés
de tout le parti. Quand au contraire leurs
chefs n'ont point de reproches à leur faire ,
quand ils n'ont agi que d'après l'ordre qu'ils
en avoient reçu , c'est alors qu'ils sont protégés , réclamés et soutenus par tous les
moyens possibles. Les amis , l'argent, les
écrits , les menaces, rien n'est épargné ;
tout est mis en œuvre pour séduire , gagner
les gendarmes , les gardes , les guichetiers
et les concierges des prisons , les témoins ,
les jurés et les membres des tribunaux (b).
Tel est le systême organisé depuis long-
temps par les royalistes pour ramener les
français à l'ancien ordre de choses. Ce systême que l'on m'a ainsi développé , continua celui qui nous découvroit les menées
infames des amis du prétendant et les secrets
horribles dont l'un d'eux lui avoit donné
connoissance ; ce systême , l'ouvrage de l'in-

térêt , de l'ambition , de l'orgueil et de l'hypocrisie , paroît être regardé par les contre-
révolutionnaires comme un des moyens les
plus puissans pour répandre l'alarme dans
les consciences et l'inquiétude dans les esprits , pour jeter la terreur et la discorde
dans les campagnes , pour se faire par-tout
des partisans dans la classe des hommes foibles,
ignorans ou sans caractère , pour se rendre
maîtres de toutes les élections , pour mettre
le désordre dans les affaires publiques , pour
provoquer la haine de tous les propriétaires
contre les institutions républicaines , pour
avilir , couvrir de mépris , comprimer et ter-
rorifier ceux qui y seroient attachés et tien-
droient encore à leur serment de fidélité aux
lois , en un mot pour faire regretter à tous
les français le régime ancien et les forcer
de le redemander d'un commun accord et
d'une voix unanime.

Il est d'observation , continua toujours le
même , que les chefs des armées dites catholiques et royales, qui combattoient ouvetre-
ment les armées républicaines , n'ont pas mis
bas les armes , par la seule raison , comme
on l'a avancé , que les anglais cessoient de
les protéger , que plusieurs de leurs généraux étoient pris et que les généraux de la ré-

publique ne trahissoient plus leur patrie ; mais que les chefs de ces armées qui ne marchoient jamais qu'au nom de dieu et du roi, ne se sont réellement déterminés à composer avec le gouvernement qu'après s'être assuré que le système de la chouannerie étoit bien organisé, et qu'en y aidant il pouvoit en résulter pour eux de plus grands avantages et beaucoup moins de pertes qu'ils n'en avoient essuyé, leurs forces étant réunies en corps d'armée.

Observez encore que les chouans, qui étoient pour la république un second ver rongeur, n'ont à leur tour mis bas les armes, que parce qu'ils se sont aperçus que le gouvernement se disposoit, comme il l'avoit fait envers les armées catholisées et royalisées, à les combattre en masse et à leur faire quitter par ce moyen, le système de guerre de guet-apens, auquel ils devoient tant de succès (c). Pour mieux continuer une guerre semblable, ils ont senti qu'il falloit faire semblant de se soumettre aux lois de la république ; que d'après une telle démarche, l'on fermeroit les yeux sur leur existence politique, et en changeant de dénomination, qu'ils pourroient de nouveau voler ou tuer impunément çà et là dans chaque canton, les citoyens les plus énergiques, les plus vertueux et les plus dévoués à la cause de la liberté.

Ces scélérats, nous dit encore celui que le partisan de Louis XVIII avoit si bien instruit; ces scélérats ne commettoient d'abord leurs meurtres et leurs brigandages, que couverts des ombres de la nuit; mais pour inspirer plus de terreur, pour qu'on ne les soupçonnât pas auteurs de ces mêmes meurtres et brigandages, et que l'on crût qu'ils ne pouvoient être que l'ouvrage de voleurs et d'assassins particuliers, il a été ordonné à quelques-uns des plus déterminés, comme du temps des massacres de la Vendée, de ne faire leurs expéditions que de jour. Soumis aux ordres de leurs chefs, et surtout enhardis par l'habitude du crime, par l'impunité, et soutenus par ce qu'ils appellent le parti des honnêtes gens, et par l'espoir d'une grande récompense, de combien de vols et d'assassinats l'astre qui nous éclaire n'a-t-il pas été témoin depuis quelque temps?

A ce moyen, les individus chargés de diriger l'opinion publique, font ensorte de persuader à ceux qui partagent leurs sentimens, que l'odieux de tous les brigandages nocturnes commis et à commettre (1), appartient aux seuls jacobins, aux exclusifs, aux frères et amis, aux patriotes de 89 (d).

Quand les vols des garotteurs et chauffeurs ne suffisent point aux besoins de ceux qui les font agir, on a recours à la générosité des nobles, des anciens riches propriétaires, des gens de robe et à la collecte des prêtres ennemis déclarés du gouvernement libre, seules classes dans lesquelles sont choisis les hommes qui, établis en comité, ont la direction de tous les mouvemens.

Après nous avoir exposé les choses dans l'ordre qu'on les lui avoit rapportées, le citoyen qui ne nous dissimuloit rien des confidences qu'on lui avoit faites, finit par nous dire que le système de meurtre et de brigandage qui existoit encore, et dont nous ne sentions que trop souvent les funestes effets, avoit été mis en usage dès le commencement de la révolution. Pour prouver ce que j'avance, reprit-il, entr'autres faits dont on m'a donné connoissance, je choisirai le suivant : Dans divers arrondisse-

---

(1) Puisque les royalistes ne combattent que pour leur opinion, à ce qu'ils ne cessent de répéter à qui veut bien les entendre.

mens de la ci-devant Normandie, il y a
eu, par exemple, des comités chargés de faire
enrôler des vauriens qui, rassemblés au nombre de vingt, trente ou quarante, à pied ou à
cheval et sous l'habit de gardes nationaux,
faisoient ouvrir les maisons au nom des mu-
nicipalités ou des juges de paix, brûloient
les papiers des administrations, et voloient
toute espèce d'individus, mais plus particulièrement les nobles qui n'émigroient point,
et les curés qui restoient à leur poste.

Tel étoit le systême des contre-révolutionnaires dès l'existence de la constitution de
91 et avant. Tel est encore, comme vous
l'ayez vu, à quelque différence près, leur
systême sous le règne de la constitution de
l'an 3.

L'ami de la vérité, du gouvernement de
son pays et des hommes, qui nous découvroit d'une manière aussi claire, aussi simple
et aussi naturelle le systême de Louis XVIII,
se résuma ainsi qu'il suit :

L'idée défavorable que les commissaires,
agens et émissaires du prétendant font donner
par leurs menées sourdes et désastreuses,
du gouvernement républicain, leurs efforts
combinés pour le faire regarder, par les
journalistes à leur solde, les prêtres fanati-

ques et hypocrites, comme incapable de rappeler le peuple aux idées saines de la morale et d'entretenir le calme et l'harmonie dans la société ; les égorgemens qu'ils font faire de jour pour causer plus de terreur ou pouvoir se disculper de leurs autres attentats, les brigandages qu'ils font commettre journellement pour fournir à leurs besoins et aux dépenses extraordinaires, les dehors flatteurs qu'ils affectent de montrer devant la classe pauvre et ignorante du peuple, l'argent qu'ils font distribuer au moment des élections pour avoir dans le corps législatif, dans les administrations et les tribunaux tous hommes voués à leur parti ; tel est le plan que suivent maintenant et constamment les royalistes. (Je vous en ai fait connoître tous les détails). O honte ! et c'est au moyen de ce même plan, ou système de ruine, de proscription et de calomnie, basé sur l'ignorance, l'égarement, la corruption et la perversité des hommes, que le prétendant, à l'aide de ses fidelles serviteurs, de ses esclaves dévoués, espère anéantir l'acte constitutionnel, relever le trône des Bourbons, et jouir bientôt du triomphe le plus éclatant et le mieux assuré.

A la suite de ce mystère d'iniquité, enfanté dans l'horreur des ténèbres, nous ne nous permettrons que la réflexion suivante qui en découle nécessairement.

Directoire, directoire, nous t'avons remis sous les yeux les projets de l'ennemi intérieur de la république, tous ses moyens d'exécution, et les malheurs qui ne cessent d'affliger les amis sincères de la liberté et l'égalité. Maintenant c'est à toi de prévenir la guerre civile, effet terrible de l'explosion prête à éclater et qui doit écraser de ses masses élancées ou étouffer sous ses décombres fumans, si tu n'y prends garde, toi-même, tous les républicains et la république.

Et vous ennemis des anarchistes, des esclaves, des brigands et des meurtriers, amis des lois et du gouvernement libre, patriotes, républicains des villes et des campagnes, vous tous qui depuis deux ans êtes menacés, et par fois atteints de la balle ou frappés du poignard, ne vous isolez plus davantage ; ralliez-vous; serrez-vous ; rassemblez-vous, non pas à l'exemple de vos ennemis pour des vols et des égorgemens ; invitation qui révolteroit toute ame vraiment républicaine ! mais pour parer les coups que l'on dirige sans cesse contre vous ; mais pour vous défendre ou comprimer les scélérats qui vous envi-ronnent et savent si bien eux-mêmes *travailler la marchandise* , en vous pillant, en vous assassinant.

Sur des connoissances certaines , comme nous l'avions d'abord annoncé , nous avons mis dans tout son jour le système de Louis XVIII ; maintenant c'est à vous d'en arrêter les révoltans et terribles effets , jusqu'à ce que la loi , qui doit être égale pour tous , soit appliquée avec impartialité. Promptement communiquez-vous donc pour aviser aux moyens propres à vous défendre , pour repousser la force par la force , pour acquérir des renseignemens et des preuves sur les auteurs , les complicesde tant d'assassinats et de brigandages ! Un temps , un temps plus opportun , plus favorable sans doute , ne tardera pas à venir ; alors vous les signalerez, vous les ferez connoître , et sans inquiétude, sans crainte comme sans reproche de la part même de ceux qui aujourd'hui les favorisent , vous leur ferez subir le sort qu'ils auront tous jusment mérité.

Républicains rassurez-vous , déjà la voix de la raison et de la justice , par l'organe du ci-devant général Jourdan , Bouley, Lamarque, etc. , s'est fait entendre dans le temple

des lois. Tout-à-l'heure, l'ame forte et vertueuse, par la résolution qui vient d'être prise
pour que tout ministre de culte fasse sa soumission aux lois de la république, l'ame forte
et vertueuse l'a emporté sur la lâcheté et l'hypocrisie. Malgré le masque dont ils se couvrent , malgré leurs efforts réunis et leurs
moyens multipliés, rassurez-vous , les ennemis de la constitution n'arrêteront pas votre
marche glorieuse, ils ne feront tout au plus que
la retarder; vous sauverez la patrie, vous affer-
mirez la république. Tels seront vos destins :
*par vos malheurs et par vos triomphes , vous
deviendrez , comme le peuple Romain , cé-
lèbres dans les annales du monde , et long-
temps , comme lui , vous marquerez dans les
siècles à venir.* Oui , en vous ralliant tous
et en marchant toujours d'accord avec le gouvernement , qui veut la république , par-tout
au-dedans et au-dehors vous triompherez ,
et à son exemple , par votre modération et
votre grandeur d'ame , vous étonnerez aussi
vos ennemis; car après tous vos triomphes, loin
de vous en venger par vous-mêmes , vous
les abandonnerez à la seule vengeance des
lois, ou si elles ne peuvent les atteindre, vous
vous contenterez de leur marquer le plus sou-
verain mépris.

b 2

Quand tous les membres des tribunaux aimeront les lois de la république, quand ils en seront les véritables exécuteurs, c'est alors que la justice. . . . Déjà et depuis long-temps dans le département du Calvados des centaines de bourreaux sont signalés par l'opinion publique ; qu'ils tremblent ! leurs crimes sont connus. Quand les témoins oseront parler, c'est alors que la loi prononcera et qu'ils seront frappés de son glaive, ou que désespérés ils fuiront la rage dans le cœur. Tel est le sort qui les attend, tel est le sort qui tôt ou tard leur est réservé.

O vous qui avez pris lecture de cet écrit, qui êtes témoins des vols faits journellement chez les acquéreurs de biens nationaux et dans les caisses de la république, des massacres commis sur les fonctionnaires amis du gouvernement représentatif, et qui voyez combien l'esprit public est par-tout impudemment et sourdement travaillé, oseriez-vous bien, après cela, crier contre nous à la supposition, à la calomnie ? Tout ce qui parvient à votre connoissance, tout ce qui se passe sous vos propres yeux, n'est-ce donc pas assez pour vous persuader, pour vous convaincre et même vous faire avouer franchement que le système de Louis XVIII, rapporté tel qu'on nous l'a exposé , est appuyé sur une multitude de faits authentiques ? Répondez.

Nous finirons par observer à nos lecteurs , que tout ce qui a été dit dans le cours de cet ouvrage , avoit été prévu et même annoncé par Boissy-d'Anglas. Lorsqu'il lut à la tribune de la convention , son discours sur la nouvelle constitution, il y fit entendre ces paroles : » Si le peuple n'élit pas exclusivement de vrais et de francs républicains , alors je vous le déclare formellement et à la face de la France entière qui m'écoute , tout est perdu ; le royalisme reprend son audace ; le terrorisme (royal sans doute) , ses poignards ; le fanatisme , ses torches incendiaires ; l'intrigue , ses espérances ; la coalition (pesez bien ces mots) , ses plans destructeurs ; la liberté est anéantie , la république renversée , la vertu n'a plus pour elle que le désespoir et la mort, et il ne reste plus à la convention elle-même , qu'à choisir entre l'échafaud de Sydney , la coupe de Socrate ou le glaive de Caton ». Eh bien ! ne semble-t-il pas que Boissy-d'Anglas , à l'époque où il prononça son discours , auroit été brouillé avec Louis XVIII ? Quel contraste en effet entre ce langage de Boissy-d'Anglas d'alors , et la conduite , et les motions et le discours sur les cultes de Boissy-d'Anglas d'aujourd'hui. C'est là pourtant l'un de ces hommes purs que l'on préconise , de ces héros que l'on chante, de ces dieux du jour que l'on encense , que l'on adore , et dont les paroles sont autant d'oracles qui sortent d'une bouche sacrée ! Quoique le représentant prophète ait pronostiqué que la ruine de la république étoit certaine , si l'on nommoit ses ennemis ; cependant ce ne sera pas le nouveau tiers de nos législateurs , dont la majorité , selon toutes les apparences , n'est certainement pas composée *de vrais et de francs républicains* , qui fera tout perdre , empêchera la France d'être libre, et s'opposera à ce que tous les républicains crient : Vive la constitution de l'an 3 ! vive la liberté ! vive , vive la république et la soumission aux lois !

NOTES.

(a) Le but du gouvernement anglais étoit de renverser l'édifice de la nouvelle constitution française, et il a employé, pour y parvenir, précisément les moyens qui devoient la consolider. Des corps hétérogènes, abandonnés aux seules lois de l'attraction, ne tendront jamais à s'unir; mais ces mêmes corps rapprochés par une force extérieure et exposés à l'action du feu, pourront cependant s'incorporer et se confondre. Cette image s'applique à la situation où étoit la France; les divisions intestines en avoient désuni les élémens, la conspiration des rois les a rapprochés.

Le ministère britannique étoit la Minerve qui couvroit la France de son égide, et lui donnoit cette force prodigieuse qu'on l'a vu déployer.... c'est de la nécessité de la résistance aux attaques extérieures, que sont dérivés cet instinct d'indépendance nationale, ce courage presque miraculeux qui ont triomphé des passions secondaires, dont la dissolution de l'état sembloit devoir être le fruit.

C'est aux mêmes causes qu'il faut attribuer tous les malheurs ou les crimes qui ont souillé le berceau de la république naissante. Si les autres gouvernemens avoient abandonné la révolution à son propre mouvement, il est impossible de croire que les évènemens hideux qu'on a vu se succéder, eussent eu lieu; mais le règne de la terreur fut un règne de sang, parce que la crainte est, de toutes les passions humaines, la plus étroite et la plus cruelle. A mesure que les efforts de la coalition ébranloient le gouvernement de la France, les hommes qui dirigeoient et ceux qui servoient la révolution, durent trembler en proportion pour leur existence ou pour l'objet de leur vœux ; et, par la nature des choses, la crainte devenant farouche, et le zèle se convertissant en fureur, les mouvemens intérieurs durent se multiplier de même.

Sans la funeste intervention de l'Angleterre, les royalistes attachés à l'ancienne monarchie, et les monarchistes constitutionnels, se seroient, ou sincèrement, ou en apparence, soumis au nouvel ordre de choses. Ils n'auroient inspiré ni soupçons, ni jalousie aux révolutionnaires, et ceux-ci n'auroient eu aucun prétexte de saisir les personnes et les propriétés.

Ainsi, cette classe nombreuse distinguée par les titres et les possessions, dont notre ministère a causé l'exil et la destruction, fût restée au sein de la France ; elle eût été inactive pour le moment ; mais cette force d'inertie même eût agi en secret, sur les institutions nouvelles, et empêché le développement complet de la révolution.

En un mot, sans les ennemis de la république, peut-être la république n'eût pas eu lieu ; mais certainement sa naissance eût été exempte de toutes les calamités qui l'ont accompagnée . . . . ,

Gouvernemens, lisez et méditez.

Extrait des Considérations de M. Erskine, membre des communes du parlement d'Angleterre, sur les causes et les conséquences de la guerre actuelle.

A la suite de ce morceau, écrit avec sagesse et profondeur, l'on pourroit dire également : Royalistes, qui cherchez à écraser les républicains pour assouvir votre vengeance, si vous réussissiez, en forçant toutes les passions de se déchaîner encore, pensez que vous ne feriez peut-être que préparer la vengeance de ceux que vous auriez d'abord terrassés. . . . . . Royalistes ambitieux, qui ne parlez que de constitution, que de lois, fanatiques et hypocrites, qui ne parlez que d'évangile, que de crucifix, lisez et méditez.

(b) La conduite qu'ont tenue les partisans de Maucorps Galand, chouan amnistié et dernièrement jugé à Caen par un conseil militaire composé d'hommes qui se sont montrés incorruptibles, vient à l'appui des faits que nous avons rapportés. D'après les détails qui nous sont parvenus au sujet de ce bourreau des républicains, pour un ci-devant révolté contre le gouvernement, pour un étranger au département où il a été pris en flagrant délit, pour un ouvrier à six sous par jour, dans l'âge de la réquisition, prévenu et convaincu d'être le chef des assassins des citoyens Cauville, commissaire du directoire exécutif près une administration municipale, et Bernard, sergent d'une compagnie de gardes-côtes, dont Cauville s'étoit fait accompagner; pour ce chouan, vrai buveur de sang, que de mouvemens! que de sollicitations! que de démarches faites! que d'argent, que d'écrits répandus! que d'entraves l'on a voulu mettre pour empêcher son jugement! et après qu'il a été prononcé, que de propos menaçans! que d'écrits nouveaux pour exciter les citoyens à se mettre en état de révolte, pour sauver le coupable ou venger sa mort!

Qu'est-ce que cela signifie? Pourquoi cette protection si marquée de la part de gens amis des privilèges, même de *femmes du haut parage*? Pourquoi cet intérêt si vif à défendre cet égorgeur ? Pourquoi cette grande sensibilité à la nouvelle de son jugement, et ces lamentations sur son sort, tandis que l'on paroissoit se réjouir du massacre du républicain Cauville, l'une de ses victimes, et que l'on étoit tout-à-fait indifférent aux souffrances du malheureux Bernard, mutilé, pauvre, chargé de plusieurs jeunes enfans, et dont la mort a entraîné la ruine de sa famille entière ? Pourquoi, par la voie de l'impression, sur la parole d'un seul homme, du soi-disant prêtre catholique Galot, avoir nié à plusieurs reprises une déclaration des crimes du coupable, faite devant une vingtaine de témoins qui tous ont signé l'acte qui en fut à l'instant dressé ?

Que de réflexions à faire sur tout cela ! que de choses l'on auroit à dire ! mais non, le mémoire d'un des défenseurs officieux du chasseur du roi, en dit assez. Ce libelle diffamatoire, ce ramassis d'absurdités, d'inconséquences, de bêtises, d'insultes et de calomnies ; cette platte et criminelle apologie des révoltés à qui le gouvernement a pardonné les crimes ; ce barbouillage insipide, à mettre au nombre des rétractations et déclarations qui naguères étoient à l'ordre du jour, des mille et une diatribes faites contre des hommes sincèrement attachés au gouvernement républicain ; ce ridicule et misérable écrit est même plus que suffisant pour faire connoître et les principes et les desseins des partisans de Louis XVIII. Nous y renvoyons le lecteur.

(c) Dans le département de la Manche, quand le général Cambray se disposa dernièrement à faire marcher en colonnes toutes les forces à sa disposition, pour combattre et poursuivre jusques dans leur repaire les bandes de voleurs et d'assassins dont les campagnes étoient in-

festées, la classe dite honnête qui s'inté essoit à leur
sort, et les soutenoit d'une manière non équivoque, pré-
voyant que par une telle mesure le pays deviendroit bientôt le tombeau de leurs protégés, jeta les hauts cris
et mit tout en usage pour tromper, à l'aide de leurs
puissans amis, le gouvernement, et perdre le général
républicain. Que l'on réfléchisse sur cette conduite, et
sur celle relative à Maucorps Galand et à mille autres
chouans également amnistiés, et prévenus d'assassinats
nouveaux ; que l'on pense aux égards que l'on a pour
presque tous les garotteurs et chauffeurs. Quoi ! en avoir
arrêté, depuis plusieurs mois, des années entières, et
ne pas les mettre en jugement ! est-ce pour les faire ou-
blier ou leur faciliter les moyens d'évasion ? Que l'on
fixe ses regards sur les espèces de vols et de massacres
que l'on ne cesse de commettre, sur les lettres mena-
çantes que reçoivent les commissaires du pouvoir exécutif, les agens patriotes des communes et les prêtres
assermentés, pour les forcer de quitter, ceux-ci leurs fonctions ou exercices religieux, ceux-là leurs fonctions civi-
les, administratives ou judiciaires ; lettres anonymes,
lettres écrites au nom de dieu et du roi, qui toutes
sont des signaux de mort pour quiconque refuse de s'y
conformer (1) ; que l'on fasse attention à ces concilia-
bules où l'on désigne déjà les membres qui doivent être
choisis pour le nouveau tiers de l'an 6 ; à ces rapports
nouvellement présentés sur les prêtres non soumis aux

______

(1) Ce trait seul devroit bien convaincre tout français
à qui il reste quelque étincelle de lumière, le moindre
sentiment d'honneur, de probité et de justice, que le
système ourdi par la faction royaliste est le comble de la
cruauté, de la lâcheté et de l'hypocrisie.

lois, sur les fugitifs de Toulon , sur les émigrés du
Haut et Bas-Rhin ; au retour de ces hommes favorisés
par les ennemis du gouvernement républicain et non
rappelés par les lois ; à ces assemblées où préside l'esprit de parti, où souvent l'on prêche le fanatisme et la
révolte aux institutions républicaines ; à ces rétractations incendiaires de serment dictées par l'astuce et la
perfidie , que les prêtres non assermentés , ou dont on ignore
la prestation de serment , que *ces grands oracles de la religion , que ces véritables anges de la terre , que ces heu-
reux martyrs de leur foi* sollicitent et arrachent des prêtres assermentés (1) ; qu'on relise ces déclarations honteu-
ses , qui font croire au vulgaire que leurs lâches et hypocrites auteurs sont autant de nouveaux Pauls, de nouveaux
Augustins, de nouveaux persécuteurs de l'église bien
et dûment convertis.

Dira-t-on , comme les premiers rétracteurs ne cessoient
de le répéter, *qu'ils reviennent sur leurs pas parce
qu'ils ont aujourd'hui le bonheur d'être éclairés du
rayon de la grace ou touchés de l'éclair de la vérité?*
Dira-t-on encore comme on le lit dans les imprimés des
uns et des autres , *que c'est le repentir, le remords ,
le désespoir , le regret de s'être écartés des voies du
salut, la crainte d'être frappés des foudres et des car-
reaux célestes , et d'être impitoyablement précipités*

____

(1) A l'effet sans doute de diminuer leur nombre , de
faire déverser sur le reste le ridicule et le mépris, d'a-
chever de les perdre dans l'opinion publique, cette grande
reine du monde , pour après peut-être.... Trop heu-
reux ces ministres restés fermes au milieu de toutes les
traverses qu'on leur suscite , si nos craintes sont mal fon-
dées , et s'ils ne finissent point, pour avoir persisté dans
leur soumission aux lois , par être abandonnés de tous
les êtres vivans.

dans les noires demeures du prince des ténèbres ? En refusant de se soumettre aux lois du nouveau gouvernement, ou en se rétractant de leur soumission à ces mêmes lois, celui qui s'est exprimé de la sorte, pourroit-il dire avec raison comme hypolite : *le jour n'est pas plus pur que le fond de mon cœur...* Nous nous sommes écartés de notre objet, nous y revenons.

Tous ces faits, tous ces actes que nous avons rappelés à nos lecteurs et la bien funeste et malheureuse division qui règne aujourd'hui parmi les membres du gouvernement et du corps législatif, coïncident tellement avec l'exposé qu'on nous a fait du système de Louis XVIII, qu'il suffit à l'homme de bonne foi et qui a en horreur les fanatiques, les tartuffes, les brigands et les assassins, qu'il suffit, comme on l'a déjà dit, du seul bon sens, pour être pleinement convaincu de toutes les vérités qu'il renferme.

L'on pourroit ajouter à ce même exposé et à nos observations, les projets suivans qu'un sage écrivain assure être depuis long-temps ceux des membres des cinq cents qui ont une tendance bien marquée vers la contre-révolution :

» Dispenser les prêtres de toute déclaration d'obéissance aux lois de la république, rappeler ceux qui sont déportés, faire juger les émigrés par des jurés et les tribunaux, congédier d'abord le tiers des conventionnels qui reste, le calomnier, le proscrire, le faire immoler ensuite, attaquer l'opinion républicaine par tous les moyens possibles, faire périr le gouvernement par le refus de fonds, par la pénurie des finances, licencier la garde du corps législatif pour la recomposer à leur gré, ou appeler la garde départementale, renvoyer les troupes qui sont à Paris, mettre le directoire en accusation,

voilà , continue l'auteur de cet écrit , la série de leurs projets ; ils s'en sont expliqués dans leurs concilfabules : mais,
ajoute-t-il , il n'y a encore rien de décrété de tout cela ».

(d) D'après ce qui nous a été dit et ce que nous en
connoissons nous-même, non sans doute nous ne nierons point que le prétendant, que les royalistes fanatiques , et les catholiques royalistes , que les anciens
contre-révolutionnaires se servent aujourd'hui , et même
souvent avec avantage, de plusieurs représentans, de
beaucoup de journalistes , et de défenseurs officieux ,
qui jadis s'étoient fortement prononcés pour le terrorisme et l'athéisme, et qui maintenant agissent , parlent
et écrivent en ardens royalistes et catholiques.

Nous ne nierons point encore qu'ils emploient un
grand nombre de vauriens qui, suppôts de la tyrannie,
instrumens et bas valets de la faction de l'étranger , ont
fait périr les hommes prononcés de tous les partis. Mais
quelle induction tirer de ces êtres sans humanité et sans
moralité, qui se couvrent de tous les masques , qui pren-
nent toutes les formes , ne suivent tel parti que parce qu'ils
comptent y trouver plus d'avantage , ou ne se vendent aux
passions de tel autre , que parce qu'ils trouvent mieux
à satisfaire leur ambition ou leur cupidité ? Que dire également de ces boul-dogues farouches , furieux, sangui-
naires , dont on se sert pour se jouer des hommes , pour
conspirer contre leur liberté , attenter à leur vie , s'em-
parer de leurs propriétés ; sinon que les féroces conspirateurs qui emploient de tels mercenaires, toujours prêts
à dévorer leurs semblables , sont plus vils , plus atroces
même et sans doute plus coupables que ne seroient encore ces monstres, ces bourreaux, ces véritables terroristes.

Nous croyons devoir placer ici les deux passages suivans d'un discours lu au Cercle constitutionnel par Ho-
noré Riouffe, auteur des mémoires d'un détenu.

« Citoyens, vous le croirez sans peine, nous avons
long-temps balancé à vous parler de la terreur ; la fierté
de notre ame répugnoit à descendre jusqu'à se laver du
reproche de terrorisme. D'ailleurs les royalistes mentent
à eux-mêmes quand ils nous en accusent : il est donc
inutile de chercher à les détromper. Nous savons que jamais la calomnie ne fut plus déhontée que dans ce parti
infame, et que les discours ne pourront rien là où les
faits n'ont rien pu. Les fers, l'exil, la proscription,
le récit de malheurs éclatans, et qui ont retenti par
toute l'Europe, les ont-ils empêché d'appliquer le nom
de terroristes, aux victimes même de la terreur ? Non
contens de poursuivre les vivans, n'exhument-ils pas
tous les jours les morts ? ne vont-ils pas jusques dans
leurs tombeaux effacer le nom de républicain pour y
substituer celui de terroriste ? Aussi, ce n'est pas pour
répondre aux calomnies dont on environne le cercle
constitutionnel dans son berceau, que nous avons cru
devoir manifester notre indignation contre la terreur. Si
nous l'avons fait, ça été pour rassurer quelques patriotes
de bonne foi, qu'on auroit pu parvenir à égarer sur notre
compte. . . . . . .

» On nous accuse d'être des terroristes, et nous sommes
pour la plupart des victimes de la terreur. Je pourrois
les nommer ; mais non, elles le dédaignent elles-mêmes,
et je ne ferai point jaillir d'au milieu de tous, les noms
de tant d'hommes honorablement proscrits et chargés de
fers ; ils les ont oubliés, pour briser ceux qu'on veut
donner à la république. Ils n'ont pas le temps de mon-

trer leurs plaies , quand on en fait de si cruelles à la patrie. Les vrais terroristes maintenant, sont ceux qui veulent une révolution nouvelle ; et ces terroristes, je les nomme, ce sont les royalistes.

» On nous accuse d'être jacobins, et nous n'avons ni affiliation , ni bureaux , ni président , ni secrétaires , ni tribune publique , ni comité secret , en un mot rien de ce qui les constituoit. Les hommes qui ont des correspondances , des affiliations et des tribunes publiques , empestées par le mensonge ; des comités secrets , où l'on médite l'assassinat , ce sont ceux qui ont à leurs ordres des prédicateurs et des confesseurs réfractaires. Les jacobins , ce sont ceux qui volent et assassinent les courriers , qui font de la fausse monnoie , soulèvent et soudoient des chouans ; qui mutilent les administrateurs et les prêtres assermentés , et les font expirer au milieu des tortures ; et ceux-là , je les annonce , ce sont les royalistes.

» On nous accuse d'être factieux et conspirateurs , et le but de notre réunion est de maintenir et conserver, de rattacher au gouvernement républicain , d'en honorer les membres , de faire chérir et entendre la constitution , d'entourer le berceau de la république d'autant de gloire et d'honneur qu'on veut y verser de honte et d'infamie. Les factieux et les conspirateurs sont ceux qui avilissent les autorités constituées , insultent sans cesse les premiers magistrats du peuple ; ces factieux , et ces conspirateurs , ce sont encore les royalistes. . . . . . .

F. N.

Thermidor , 5e. année républicaine.

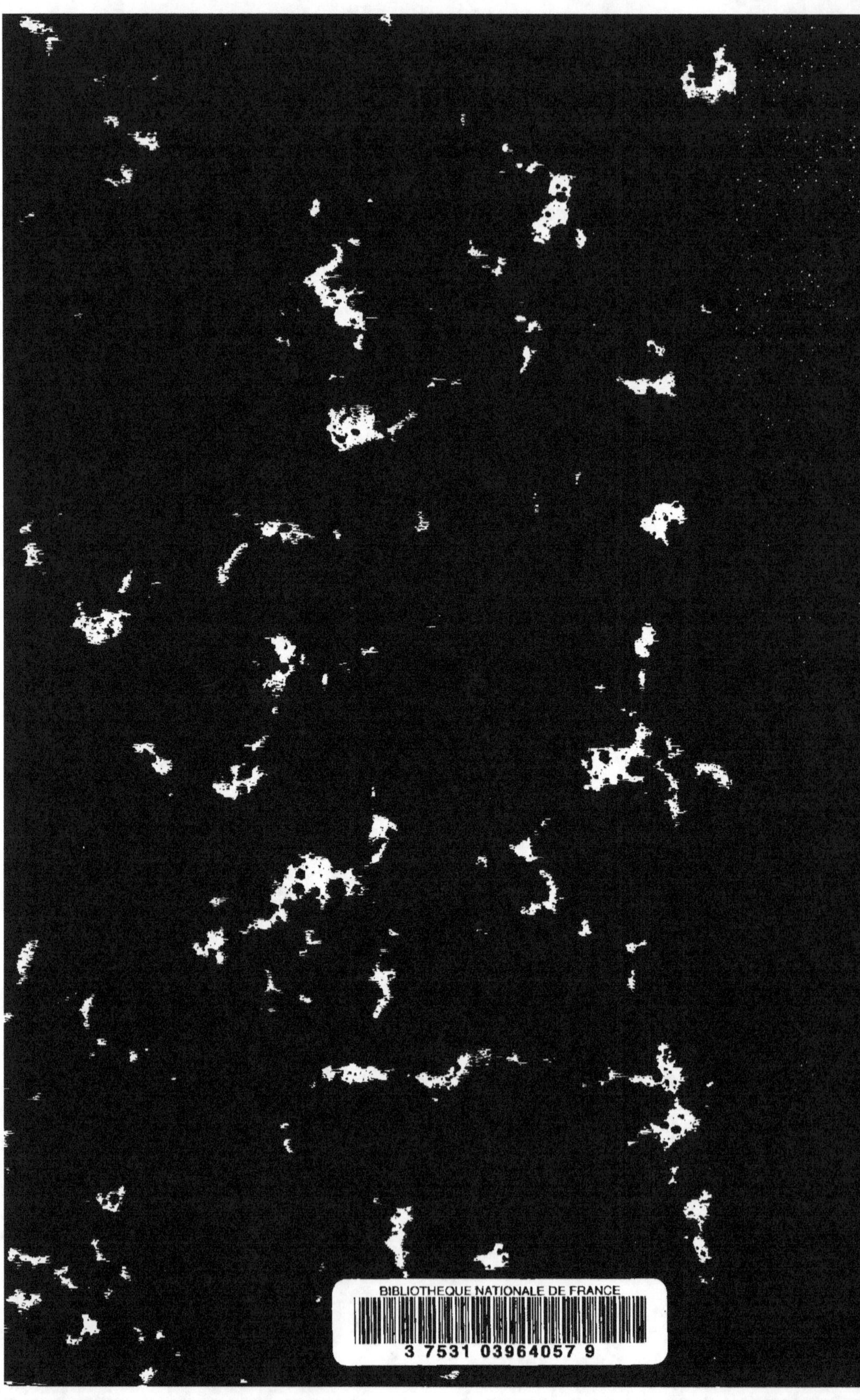
BIBLIOTHEQUE NATIONALE DE FRANCE
3 7531 03964057 9

www.ingramcontent.com/pod-product-compliance
Lightning Source LLC
Chambersburg PA
CBHW051330060726
47596CB00004B/1548